AF284549

Zangengeburt eines neuen Zeitalters – Zweiter Versuch

Dieter Scheidig

Zangengeburt eines neuen Zeitalters – Zweiter Versuch

Ein Essay der vorletzten Stunden für Pessimisten und Realisten

Rudolstadt

2022

Bibliografische Information der Deutschen
Nationalbibliothek:
Die Deutsche Nationalbibliothek verzeichnet diese
Publikation in der Deutschen Nationalbibliografie;
detaillierte bibliografische Daten sind im Internet
über http://dnb.dnb.de abrufbar.

Lichtbilder und Umschlaggestaltung: Dr. Dieter
Scheidig

Herstellung und Verlag: BoD – Books on Demand,
Norderstedt

ISBN: 978-3-7562-0377-2

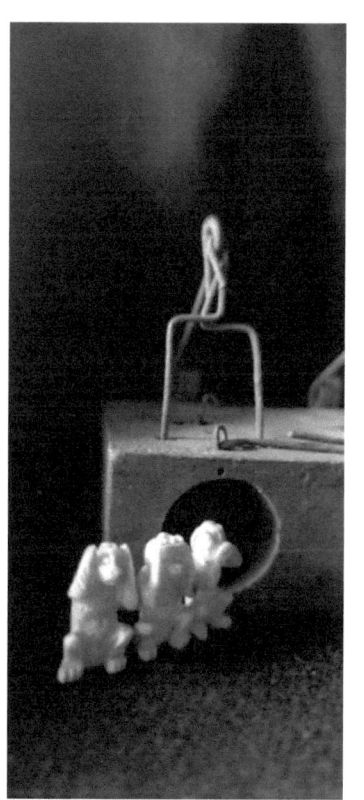

„(…) ein Volk, das seine eigene Geschichte nicht kennt, auf die Gegenwart der jetzt lebenden Generation beschränkt (ist, d. A.): daher versteht es sich selbst und seine eigene Gegenwart nicht; weil es sie nicht auf eine Vergangenheit zu beziehen und nicht aus dieser zu erklären vermag; noch weniger kann es die Zukunft antizipieren. Erst durch die Geschichte wird ein Volk sich seiner vollständig bewusst. Demnach ist die Geschichte als das vernünftige Selbstbewusstsein des menschlichen Geschlechtes anzusehen (…)"[1]

Arthur Schopenhauer

---

[1] SCHOPENHAUER, Arthur: Die Welt als Wille und Vorstellung. II. Sämtliche Werke Band II. Kapitel 38. „Über Geschichte". Suhrkamp 1986. S. 571.

Dieter Scheidig

Zangengeburt eines neuen Zeitalters – Zweiter Versuch

Ein Essay der vorletzten Stunden: Brevier für Pessimisten und Realisten

Nicht untergehen in der Fülle des Allzugleichen!

Immer gehörig aus der eigenen Zeit gerissen sein,

um eine angeklarte Sicht auf diese zu haben:

Auch   eine   Rache   des   zu   schwachen,

widerstandslosen eigenen Selbst an der kräftigen,

grobgewirkten Uniform der Gegenwart und des

Gegenwärtigen ...

D. S., September 2021

„Besser man selbst sein und verlieren als eine Maske sein und gewinnen; besser sich enthüllen und untergehen - als eine Rolle spielen und Beifall einheimsen. Die Berufung des Menschen ist einfach: eine Welt gegen die Welt zu bauen."

Henryk Elzenberg, „Kummer mit dem Sein"

Kurzes Wort zu einem kurzen Essay

Über den Buch-Erfolg der seit Ende August 2021 in die papiern-dingliche Existenz getretenen Zangengeburts-publikation[2] war ich erstaunt. Den zweiten Ergänzungsteil, vielleicht gar eine themenidentische Buchreihe, plante und notierte ich allerdings *v o r* der vor allem mich überraschenden Beachtung dieser Schrift: Sie sollte den Zeit – Geist zu treffen, sie opponierte heiter-schimpfend-meckernd und schien ein mikroskopisch kleines Stück „...gegen einen Geist der Enge (…), der Überheblichkeit und der mangelnden Ehrfurcht vor Anderen, der Intoleranz und des Absoluten, erbarmungslos Konsequenten, der in den Deutschen steckt, angekämpft (…)[3]" zu haben.

---

[2] Scheidig, Dieter: Zangengeburt eines neuen Zeitalters. BoD, 2021.
[3] Moltke, Helmuth James Graf von: Abschiedsbrief an die Söhne Caspar und Konrad, 11. 10.1944.

9

Zumindest, wenn man den wenigen Besprechungen, Feedbacks und Kritiken einzelner, dazu Berufener glauben mochte.

Ich hoffte auch, mit dem ewigen, durch immerwährende Wiederholung nicht besser werdenden und gleichsam dümmlichen Argument bestimmter, sich intellektuell-priesterhaft[4] gebärdender Zeitgenossen aufzuräumen: Deutschland sei ein reiches Land![5] Bereits knapp anderthalb Jahrzehnte vor den schroff - klein-wirtschaftsschädlichen Lockdown - Maßnahmen der Corona-Krise schrieben Nadja Klinger und Jens König in ihrem Bericht über die neue Armut in Deutschland: „Das Schicksal liegt im Alltäglichen. Es muss in Deutschland nichts Außergewöhnliches mehr geschehen, damit Menschen sozial abstürzen."[6]

---

[4] Schelsky, Helmut: Die Arbeit tun die anderen.
Klassenkampf und Priesterherrschaft der Intellektuellen.
1975. H. Schelsky (1912-1984), Soziologe.
[5] Scheidig, Dieter: Zangengeburt eines neuen Zeitalters. BoD 2021. S 69 ff.
[6] Klinger, Nadja; König, Jens: Einfach abgehängt. Ein wahrer Bericht über die neue Armut in Deutschland. Rohwolt.
Berlin. 2006.

In diesem Krieg der Ratlosen und der Ratlosigkeit ist es das Ziel dieser Zeilen, besonnen einzuordnen, Strukturen und Metaebenen zu entwickeln und der Halbgebildeten-Fama-Rederei entschieden entgegen zu treten. Denn: Es gibt einen Logos, einen logischen Instinkt in uns, der Versteckspiele zu durchschauen vermag. Nicht geistesblind, widerstandslos und kotauhaft dem herrschenden obszönem Klubzwang der gehäkelten Regenbogen-Mützenträger zu folgen. Begründbare und zumindest teilbelegbare Zweifel zu äußern. Praktikable Lösungen anzubieten. Versuchen, sich unter den wabernden Wahrheiten die Realste herauszusuchen. Seine eigene, selbstgemachte Geschichte kennen. Sich dem allerorten herrschenden „sanften Schubsen" widersetzen! Optimismus zu vermitteln! Vor allem aber: Optimismus! „Es gibt wenig, was lange richtig bleibt.", lässt Erich Maria Remarque seinen Romanhelden auf den ersten Seiten von „Arc de Triomphe" sagen …

Aber im Bewusstsein, das doch alles Geschreibsel und Geschriebenes ohnehin nur individuelle Wahrheiten einfangen kann, sei diese kleine Publikation doch gewagt:

„Das Bürgerliche als moralische Monstranz kann (…) aufgegeben und denen überlassen (…), die gerne Prätorianer von Luftschlössern sein wollen."[7]

Solange wir erkennen, leben wir: Die temporäre Flüchtigkeit von sozialpropagandistischen Dazzle Camouflagen durch Erkenntnisbemühung

Was ist Dazzle? Ein im Ersten Weltkrieg erfundenes Tarnverfahren, mittels der Bemalung des Schiffskörpers mit verschwimmender, farblich kontrastierender geometrischen, teils in der Zoologie[8] angeregten Strukturen und Formen, welche dem gegnerischen Schiff oder Unterseeboot über Größe, Geschwindigkeit und Fahrtrichtung des Schiffes in die Irre geführt werden sollte und eine Bestimmbarkeit erschwerte. Als Erfinder dieser Blendmalerei gilt der britische Marinemaler Norman Wilkinson[9].

Was ist Dazzle heute? Es bedeutet die Tendenz der politischen und ökonomischen Eliten, geschickt blendend und verschleiernd im Gewand der wohlfeilen

---

[7] In: Wiener Zeitung. 28. 11. 2020.

[8] Bellamy, Martin; Murphy, Hugh: The Dazzling Zoologist: John Graham Kerr and the Early Development of Ship Camouflage In: The Northern Mariner XIX, Nr.2, 2009.

[9] Norman Wilkinson (1878-1971), Marinemaler, Plakatkünstler

Modernität, scheinbarer Wissenschaftlichkeit und woken Zeitgemäßheit durch medialen Dauerbeschuss der Rezipienten viele Begriffe durch ein bloßes, hohles Surrogat zu ersetzen, … „das Original durch die Kopie, das Authentische durch seine Nachahmung, das Wahre durch das Falsche, Mütter durch Leihmütter, Kultur durch Freizeit und Unterhaltung, Wissen durch Diplome, das Land und die Stadt durch die universelle Vorstadt (…), den Mann durch die Frau (…), Menschlichkeit durch eine ausgezehrte Posthumanität, undifferenziert, standartisiert, gnadenlos austauschbar. (wirklich sehr un- und widerwillig nur zitiere ich hier und eben und auch nur einmal aus Renaud Camus, „Le Grand Remplacement").

Dazzle ist m. E. das gekonnte Realitäts-Vernebeln der schlichten Wahrheit, das der Wille „einer siegreichen Menschengruppe einer besiegten Menschengruppe aufgezwungen wurde mit dem einzigen Zwecke, die Herrschaft der ersten über die letzten zu regeln und gegen innere Aufstände und äußere Angriffe zu sichern.

Und die Herrschaft hatte keinerlei andere Endabsicht als die Ausbeutung der Besiegten durch die Sieger. (…)"[10] oder, laut marxistischer Auffassung „bewaffnete Einheiten von Menschen" (wohl ist damit Polizei und Justiz gemeint), welche die Interessen der „herrschenden Klasse" verteidigt.

So abgedroschen und klischeehaft diese Begriffe erscheinen mögen, erkennen doch der undogmatische Betrachter sachlich die Notwendigkeit, die hinter den Nebel diese Dazzle-Methoden liegende Tatsächlichkeit ein wenig sichtbar zu machen …

Was aber ist, wenn sich wissenschaftliche Erklärungen gegenseitig neutralisieren? Wenn Theorien diffus bleiben? Wenn einfach, fast unbemerkt von der Öffentlichkeit, sich eine prosperierende Meinungs-Industrie entwickelt hat, welche Millionen an Staatsgeldern verwendet, um das „Richtige" in den Focus des Betrachters zu rücken, welche gar in der Lage scheint, in Erinnerung und Gegenwart normverändernd zu wirken:

---

[10] Oppenheimer, Franz: Der Staat – eine soziologische Studie. 1907/1929.

Der bedeutende, wenngleich dem aktuellen Mainstream unbekannt gebliebene deutsche Philosoph Robert Spaemann (1927-2018) hielt es für bedenklich, wenn staatlich gelenkte organisierte Institutionen und Bündnisse mit wichtigtuerischer Deutungshoheit bestimmte politische Positionen und Meinungen medial aufdringlich und unduldsam zu ächten:

Ich soll nämlich mit dem Staate *s e i n e* Werte teilen. Deswegen freuen sich ja Linke und Grüne, weil in der aktuellen (Hoffentlich) - Kurz-Epoche ihre Werte *scheinbar* vom Staat geteilt werden.

„Vernunft, Moral und Anstand sind subjektive Kategorien. Sie taugen für die private Lebensführung, für das Politische lassen sie sich nicht objektivieren."[11]

Der Staat (was immer nun das sei) **sollte aber keine Wertgemeinschaft** *verlangen, sondern lediglich die Werte seiner Bürger schützen.*

Traditionelles sprachliches und historisches Verständnis von gesellschaftlich - kulturellen Gemeinsamkeiten werden in dem medialen Dauerbeschuss durch eine bekümmernd-dürftige, fachfremde, moralisierende und hysterisierende Oberflächlichkeit in vielen Dingen und Wissensbereichen ersetzt.

---

[11] In: „Wiener Zeitung", 28. 11. 2020.

Schweratmende, philosophisch - metaphysische Dinge „…verursachen kein Nachdenken mehr" (Eugene Ionesco) und „unbewältigte Vergangenheiten" (Norbert Bolz) sollen ein dumpfes, einschüchterndes, erbsündenhaftes Schuldbewusstsein vermitteln und damit die zerknirschte Bereitschaft der eigenen „Besserung" einleiten …

Es gilt eben, *nicht* eingeschüchtert und „(…) hilflos vor dem gefühltem Nihilismus der Technizität" (Ernst Jünger) stehen zu bleiben!

Die Intensität, mittels der diese Ideologie einer oft willig rezipierenden Gesellschaft werbemedial eingehämmert wird, scheint eine Kampagne für einen offenen Markt, ein neues Normal, eine neue und leicht fassbare Bewußtseins-Klammer für kulturell und religiös Entwurzelte.

Ob es ein gesellschaftliches Experiment ist oder doch (welches indes im übrigem auch das Meinen des Autors ist:

Alter Wein in neuen Wokeness-Schläuchen!) nur ein in Wirklichkeit dürftiger, restaurativer Versuch, Bestehendes in anderem farbigen Design zu konservieren; oder es ein dringend notwendiger Bleimenigge-Korrosionsanstrich des scheinbar ins Schleudern und Rost geratenen Wirtschafts- und Gesellschaftssystems ist, vermag zur Zeit niemand schlüssig und realitätsnah und wenn nur mit den mystisch-dümmelnden und dumpf-verschwörerischen Geheim-Wissen-Schlagwort-hülsen, wie beispielsweise „Großer Umbau" zu beantworten: da sollen sich nun Wunder ereignen, die aber nur letztlich schlechte Wunder sind …

Niemand kann lange eine Maske tragen. Vorgespieltes sinkt schnell an seine wahre Natur zurück.

Lucius A. Seneca

Wer steckt dahinter? - Keine Hoffnung auf Absichtsvermutung

Eine elitäre Lenker-Riege fragt die Menschen, die bereits „länger hier wohnen" (ein Schreckenswort der letzten Bundeskanzlerin) nicht, wohin es gehen soll, selbst Wahlen als primäres Volksrechet einer Demokratie haben als geringer politischer Wandlungsfaktor scheinbar ausgedient (ich hatte in den 1990ern auch nicht das Gefühl vehementer und permanenter Volks - Befragerei, aber irgendwie schienen die Forderungen und Beschlüsse der Politikschaffenden zwar altbacken, jedoch logischer und nachvollziehbarer). Sie „fordern fröhlich vor sich hin (...)" (Gabor Steingart), der Bürger, die sogenannten kleinen Leute scheinen nur noch lästig. Mittelmaß und bildungslose Selbstherrlichkeit bestimmt die politisch-gesellschaftliche Neuprogrammierung von Gesellschaft und Mensch: Die jüngste Abgeordnete im Bundestag will die „Vorherrschaft des Mannes" durch ein „vielfalts-sensibles Parite - Gesetz" brechen.

Sacrificium Intellektus[12]! Kommen soll, so scheint es, keine notwendig sozialerneuerte, sondern eine *andere* Gesellschaft mit einer Art universell - williger Human-religion, welche vieles, bislang unbestreitbar als vorbildlich geltendes vom Sockel stößt: Erinnerungs-politisch überkommen erscheinende historische Straßennamen[13], hohe Geistlichkeit, altdeutsche Identifikationsfiguren, Schriftsteller - eine höchst willkürliche, da sehr zeitgenössisch ambitionierte Ausdünnung des kulturellen Gedächtnisses!

Alle in den Augen der Wokenes zu sehr mitteleuropäische Moral vermittelnden Geistes-erzeugnisse, die von diesen normierten Vorgabe-Mustern merkbar abweichen, werden von den staatsbezahlten Meinungs - Lenkern und deren Kultur-Söldnern bestenfalls passiv unbeachtet gelassen, schlimmsten-falls in Mc-Carthy-Stimmung-Ligth aktiv geächtet. Dabei ist eine Regel scheinbar vorherrschend: Was den Tugendbolden[14] erlaubt scheint, ist in der dauerempörten Sichtweise der Beeinflussungs-Riege

---

[12] Lat.: Aufopferung des eigenen Verstandes ... Doofheiten!
[13] Indes hat der DDR-sozialisierte Autor die Noch-Existenzen von Hindenburgstraßen in den Städten der Alt-Bundesländer nie verstehen können ...
[14] Tugendbold – ein Ausdruck von Oswald Spengler. In: Jahre der Entscheidung. C. H. Beck. München 1953.

dem sich sprachlich wehrenden und verweigernden Rest verboten (daher der qualitativ „hochbedeutende" Grundunterschied im Denken und Empfinden von *„queer"* und *„quer"*!!!). Da sind dann die schiefen und schroff überschiefen Vergleiche und Feindbilderzeugungen mit unsinnig - überkommenen und geschichtlich gescheiterten politischen Richtungen vorprogrammiert und medial willkommen: Hysterische Propaganda der „Not-Sucht"[15] aus der dünnen Öko-Katastrohen - Fünf - Minuten - Terrine im Sinne ratloser und nach Polarisierung gierender Politikschaffender (und solche, die es gerne werden wollen) ... Medial und gesellschaftlich erzeugte Empörung und Schuldzuweisungen in der Sozial- und Individualpsyche als Sanktionsinstanzen waren einigen von „uns" als notorisch-traditionelle Dissidenten immer gleichgültig und wurden es im zunehmenden Lebensalter immer stärker, weil „wir" wohl nie den übertriebenen Wunsch noch das Bedürfnis hatten, ganzheitliche und strahlendtüchtige Vollmitglieder irgendeiner *Gemeinschaft*, eines banalen Klubs, Sportvereins, Arbeitskollektivs, der höchst spaßigen Motorradgruppe, einer hyperaktiven, religiösen Gemeinschaft oder Partei zu sein.

---

[15] Ein Begriff aus Nietzsches „Die fröhliche Wisssenschaft".

Politik ist kein trockenes, luftloses Produkt, das vollständig aus den Köpfen der Menschen hervorgeht. Es ist oft das Produkt von Unfällen, Egos und Ambitionen im Konflikt, Missverständnissen und Täuschung sowie sorgfältigen Plänen.

Richard Holbrooke

Über die Unsinnigkeit politischen oder gesellschaftlichen Engagements

Einige gesellschaftlich-soziale und politische Distanzerfahrungen entspringen wohl fast bereits vollständig fossilierten frühen Resten unserer per-sönlichsten Lebens- und Bewusstseins - Geschichte: Der Autor vorliegender Zeilen fühlte seine Vereinzelung schmerzhaft zu früh: allzu optisch sichtbar und hörbar war die DDR-grottenschlecht vernähte Lippen- und hörbare Gaumenspalte für eine krass spottlustige, alles beurteilende Mitwelt. Ich musste individuell mit meinen knapp ausreichenden intellektuellen Möglichkeiten Krisen und die eigene, erkannte Nichtkonformität bewältigen. Geholfen hat da jedoch kein Verein oder Kollektiv, keine Partei und kein Club: Geholfen hat nur Lesen, Informieren, Bilden ... und dann schlussendlich Aufschreiben und Reflektieren ...

Indes gab und gibt es daher immer sensibilisierte Menschen, die den in der Zeit rasch veränderlichen Tages-Sprüchen „…die sich selbst bestätigen und die, unaufhörlich und monopolistisch wiederholt, zu hypnotischen Definitionen oder Diktaten werden."[16] einfach schulterzuckend-befremdet gegenüberstanden: weil diese wissen, das „(…) der zeitliche Abstand lässt den wahren Sinn, der in einer Sache liegt, erst voll herauskommen."[17] Diese denkenden Manschen können sozusagen instinktiv abwarten, bis eine Information von zeitlich späteren Informationen relativiert wird und sind deshalb fast propagandaresistent. Sie erkennen die Aspekte des Lächerlichen, Komischen der eigenen Epoche, trotz dass sie sich „mitten darin" befinden.

Es scheinen dies vor allem Individualisten mit undogmatischer, geschichtlicher Breiten - Bildung, welche die gesellschaftlich vorgegebenen Pfade durch die Märchenwälder und „(…) das Narrenhaus der modernen Ideen (…)"[18] unseres gesellschaftlichen Seins zu vermeiden suchten.

---

[16] Marcuse, Herbert: One-Dimensional-Man
[17] Gadamer, Hans-Georg: Wahrheit und Methode. 1960.
[18] Nietzsche, Friedrich: Die fröhliche Wissenschaft.

Ein Zitat aus dem Dieter-Noll-Roman „Kippenberg" verdeutlicht beruhigend, dass Bedenklichkeiten gegenüber diesen aktuell und derzeit verkündeten Talmi[19] - Wahrheiten unserer Jahre und unserer Herrschergewaltigen nicht erst seit dem heutigen Tag existieren:

„Ich wusste freilich auch Bescheid, wie schwierig das ist mit der Wahrheit, in dieser Epoche und in einer Welt, in der von Ultrarechts bis Infralinks jeder vorgibt, die alleinseligmachende Wahrheit gepachtet zu haben; in einer Welt, deren Dialektik die Wahrheit von gestern schon heute und die von heute womöglich morgen nicht mehr gelten lässt."[20]

Leicht nur tröstend ist, dass unsere instinktive, fast rigorose Verneinung des Zeitgeistes uns „… (…) zu Trägern von Werten (macht, d. A.), die oft nicht mit der Mode und der Meinung des Augenblickes über-einstimmen; es verlangt von uns, Kriterien und Verhaltensweisen anzunehmen, die nicht zum allgemein verbreiteten Denken gehören."[21].

---

[19] Talmi-Gold: in der zweiten Hälfte des 19. Jh. Verbreitetes Gold-Imitat; Talmi: etwas Unechtes.
[20] Noll, Dieter: Kippenberg. Aufbau-Verlag Berlin und Weimar, 1980.
[21] Benedikt XVI, Generalaudienz vom 23. 02. 2013

Oder ist es eher unser individuelles Misstrauen gegen allzu glatt und logisch erscheinende Mainstream-Meinungen und zu preiswerte geistige Outfits[22] im Gegensatz zum Richtungs-Kompass unseres eigenen Bauchgefühls, der sich wiederum aus ernsthafter Betrachtung der raschen geschichtlichen Abläufe des 20. Jahrhunderts ergibt? Der Geschichtsgebildete weiß, das „... die Mehrheit genauso wenig über die Wahrheit verfügt wie die Minderheit. Keiner darf für sich den Besitz der Wahrheit beanspruchen, sonst wäre er unfähig zum Kompromiss und überhaupt zum Zusammenleben; er würde kein Mitbürger, sondern ein Tyrann."[23]

Nicht die Bürger sollen von Zeitungsmachern kritisch hinterfragt werden, sondern der Apparat des Staates und dessen Lenker!

Das massenpsychologische Phänomen der erfolg-reichen Umkehr von orientierenden Begriffen "Richtig" und „Falsch", und die gewünschten Disruptionen und Inteferencen der Modernen und Haltungsbewussten dienen nur der Verschärfung gesellschaftlicher Widersprüche, aus denen sich wiederum Randgruppen,

---

[22] ein Wort von Norbert Bolz
[23] Antrittsrede Richard von Weizäcker, 1984

Extremparteien und demokratische Minderheiten eine Stärkung versprechen:

Unerbittlich wird man niedergemacht, wenn sich nicht zum allgemeinen Narrativ bekannt wird. Eigenes Meinen wird nur goutiert, wenn es von den Lenkern unserer Stimmung und Meinung selbst erzeugt wurde, oder wie Schelsky schrieb: wie er „von den Informatoren und Sozialisatoren der Gesellschaft"[24] beherrscht wird. Die Befriedigung und Freude über die dazzlehaft angetriebene Auflösung von bislang gesellschaftlich - mehrheitlich geteilten und akzeptierten Strukturen und Leitbildern ist zum wenigsten und mindesten einem Teil der einem untraditionellen, woken Lebensbild Verpflichteten deutlich anzumerken!

Freude und Bejahung des für mich negativrichtunggebenden, entscheidenden 2015er Herbst-Ereignisses sind umso schmerzlich - verständlicher, als das sich daraus folgend wohl eine Auflösung gewachsener sozialer Strukturen erhofft wird, welche die freudigen und prompten Bejahern in einer anderen, besseren gesellschaftlichen Position aufwachen lassen soll.

---

[24] Schelsky, Helmut: Die Arbeit tun die Anderen. Klassenkampf und Priesterherrschaft der Intellektuellen" Opladen. Westdeutscher Verlag. 1975. S. 133.

Die Nichtkonsensfähigkeit aller - oder: Dummheiten und nichtvorhandener geschichtslosen Rück-Sicht in allen Lagern entspricht dem schwachen Diskussionsschemata bei Linken, Rechten, Libertären und Christen.

Wieder und wieder lässt die „Priesterherrschaft der Intellektuellen"[25] den passiven, am Fernsehbildschirm mit klebrigen Süßigkeiten entspannenden Einzelnen glauben, auf ihn und gerade auf ihn „käme es an":

„Die Menschheit muss einfach realisieren, dass wir gemeinsam Verantwortung für unseren Planeten übernehmen müssen. Ich nenne es mentales Gesundschrumpfen."[26]: Gesund? Schrumpfen? Letzteres tun mit Wahrscheinlichkeit die Hirne der Erzeuger und Rezipienten solch dünnen Gewächs. Prominente werden allzu gern als Evangelisten mit solch woken „Gutsprüchen" bemüht. Sie stehen in der Mehrzahl an der medialen Spitze der Wahnvorstellungen von Gemeinschafts- und Solidaritätsideologien.

---

[25] Schelsky, Helmut: Die Arbeit tun die anderen.
Klassenkampf und Priesterherrschaft der Intellektuellen.
1975. H. Schelsky (1912-1984), Soziologe.
[26] Christoph Walz (65), Schauspieler

„Der schlimmste aller Fehler ist, sich keines solchen bewusst zu sein."

Thomas Carlyle

Der konventionelle Unkonventionelle – oder: Warum ich an Heimat hänge!

Ja! Ich habe ein gerüttelt Maß Lokalpatriotismus! Vernünftiger Lokalpatriotismus wird von traditionellen Überlieferungen und menschlichem Wissen getragen und vermittelt seinen Trägern ein wichtiges Kontinuitätsgefühl und Identität. Da wir Revierwesen und letztlich sozialpsychologisch noch ganz der Jäger- und Sammlergemeinschaft der Steinzeit angehören, sind diese Begriffe der Kontinuität von Gegend und Ablauf von Dingen und Identität mit der Gruppe, mit der wir leben und jagen, völlig unverzichtbar zum zumindest Viertel - Glücklichsein!

Ist Lokalpatriotismus eine Form der sozialen Identität? Ganz sicher! Es ist ein geistiger Katalogisierungsprozess, der uns unsere Umwelt handhabbarer machen soll. Er bezieht sich nicht nur auf Städte (Mei Rudelschtadt!) und Gegenden (Ich bin Thüringer!), sondern eben auch auf Personen-Gruppen:

Woran soll es sonst liegen, dass ich mich irrsinnig freue, wenn ich, beispielsweise in Vilnius oder gar Sofia weilend, Rudolstädter Mit - Menschen treffe, die ich in der Heimat hingegen noch nie sah. Allein der abstrakte Begriff „Rudolstadt" reicht (bei mir fast Weltanschauung und Überzeugung und Almanach von Kindheits- und Erwachsenenerinnerung) für eine positive Gefühls- affektion aus ... Ich fasse also diese fremde Person und mich unter dem Aspekt der identischen Ortsherkunft als zusammengehörig und identitätsstiftend auf und favorisiere diese emotional!

Der spiruelle Aspekt von Mut zeigt sich in Gelassenheit, in ruhiger Präsenz des Geistes. Gelassenheit ist ruhiger Mut.

Inazo Nitobe[27]

Ein Ausblick am Ende

Wir dürfen das eigene Urvertrauen zur Richtigkeit unseres spontanen Denkens nicht verlieren, dürfen nicht die Dinge und Erkenntnisse missachten, welche unser Verstand diffus und dunkel wahrnimmt (sehr frei zitiert nach Jaques Maritain, einen katholischen Philosophen, gest. 1973).

Unsere Alltagserfahrungen sind nicht dumm, deformiert und falsch! Es geht allein darum, wie wir auf Ereignisse, Dinge und Informationsfluten reagieren, die mit unseren Überzeugungen nicht in Einklang zu bringen sind: Oder versuchen wir sie so zu deuten, dass diese irgendwie mit unserem inneren Meinen in Übereinklang zu bringen sind? Dieses Heftchen soll uns helfen, eine von vielen Seiten der Realität zu zeigen, die uns durch Medien-Dauerbeschallung, bewusst erzeugte auto-hypnotische

---

[27] Nitobe Inazo: japanischer Philosoph (1862-1933)

Strukturen und Alltags-SCI-Effekte[28] zunehmend verborgener bleibt und unsere geistigen Verrenkungen beim Abwerfen des Schleiers der eigenen Ignoranz geschmeidiger, intelligenter und möglichst gesellschaftsverträglicher zu gestalten!

Keinesfalls geht es um das Wiederhabenwollen einer Vergangenheit, die vielleicht nur in unserem Erinnern auffindbar ist, aber so bestimmt nicht und nie existierte. Deren vorgebliche Widerspruchsfreiheit sich nur aus ihrer längst vergangenen temporären Abgeschlossenheit, Vergesslichkeit und unserem möglichen eitlen Blick „von hinten" geschuldet ist: in unserer Erinnerung kommt „Gewesenes, das nie war, zu sich" (sagt zumindest der durchaus bedenkliche Rolf Schilling). Und: sich nicht auf die eskalationsgefährlichen, mannigfaltigen Gefahren von Streitereien einlassen[29]! Streit entsteht nicht, wenn man sich nicht darauf einlässt! Oft aber verhindert selbstische Eitelkeit und pathologisch - narzistische Unbelehrbarkeit die kräftesparende Vermeidung des Streites: So oft juckt es auch mir durchaus überstark in

---

[28] Computeranimierte Sequenzen, z.B. in Horrorfilmen, Geister etc.

[29] Gerl-Falkowitz, H.-B.: Vom Nutzen und Nachteil des Weltethos. In: Die Politische Meinung. Nr.395. Oktober 2002. S. 44-50.

den Fingern, auf gepostete Facebook - Blödheiten vieler, mir auch persönlich bekannter Menschen kommentierend zu antworten. Allein ich vermeide es!

Lebe! Trinke Bier und Rotspon! Baue, bastle, liebe, sammle! Mache Deinen Kopf und Deine unmittelbare dingliche Umgebung zu einem Ort der Anmut, Liebe, Schönheit, Güte und Hilfe (soviel Du kannst – das ist vor allem einschränkend und begrenzend zu verstehen!). Stehe auf der richtigen Seite (durchaus auf der eigenen, auf Deiner und Deiner Frau und Kinder Seite)! Lebe, ohne zu hoch zu pokern, in der Diogenes - Tonne! Allerdings bemühe Dich, die durchaus vorhandenen Segnungen unseres konsumistischen Systems zu nutzen und bemühe Dich, den realen und trüben Kapitalismus nicht aus der Perspektive von Straßenkatze- oder Taube (nämlich von ganz unten) wahrzunehmen. Allerdings sei wehrhaft - ungezogen und schlage dich, wenn Dir Deine Tonnen-Behausung versucht wird, weg zu rollen! Das gilt auch von der Wahrheit, die nicht allzeit von einer großen Schar Bekenner umgeben ist ...

Dieter Scheidig, Rudolstadt im April 2022

Über den Autor

-1965 im thüringischen Rudolstadt geboren

-studierte in und nach der Wendezeit in Leipzig Museologie

- über Jahre Museumsleiter eines Thüringer Stadtmuseums

-Promotion über ein sepulkralhistorisches Thema

-wohnt seit 23 Jahren in einem mit Antiquitäten vollgestopften, knapp 400 Jahre alten, selbst sanierten Bürgerhaus in Rudolstadt, viele Veröffentlichungen in historischen Periodika und Heimatliteratur sowie Novellen, gesellschaftskritische Essays und Erzählungen ...